VENTE
**Des Lundi 2 et Mardi 3 Mars 1903**
HOTEL DROUOT, SALLE N° 7
*à deux heures*

# ANTIQUITÉS

## ÉGYPTIENNES, GRECQUES ET ROMAINES

---

# OBJETS D'ART ET DE CURIOSITÉ

## TAPISSERIES

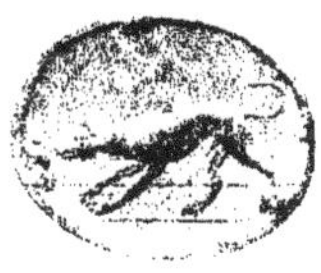

COMMISSAIRE-PRISEUR
**Me MAURICE DELESTRE**
EXPERT
**M. HENRI LEMAN**

PARIS — 1903

IMPRIMERIE DE L'ART

# CATALOGUE

DES

# ANTIQUITÉS

## ÉGYPTIENNES, GRECQUES, ROMAINES

BRONZES, VASES, TERRES CUITES, VERRES, CAMÉES, INTAILLES, BIJOUX D'OR, IVOIRES, TERRES ÉMAILLÉES.

SCULPTURES EN MARBRE ET EN PIERRE CALCAIRE, ETC.

# OBJETS D'ART ET DE CURIOSITÉ

BRONZES DES XV$^{e}$ ET XVI$^{e}$ SIÈCLES, ORFÈVRERIE, CRISTAUX DE ROCHE, COUTELLERIE, FERS, BOIS SCULPTÉS, BIJOUX, ETC.

## MÉDAILLES ARTISTIQUES

FAIENCES ORIENTALES, OBJETS DE VITRINE

**Appliques pour Meubles en bronze ciselé et doré du XVIII$^{e}$ siècle**

**ÉTOFFES, BRODERIES ET TAPISSERIES**

DONT LA VENTE AURA LIEU, A PARIS

## HOTEL DROUOT, SALLE N° 7

**LES LUNDI 2 ET MARDI 3 MARS 1903**

*à deux heures*

---

| COMMISSAIRE-PRISEUR | EXPERT |
|---|---|
| **M$^{e}$ MAURICE DELESTRE** | **M. HENRI LEMAN** |
| 5, rue Saint-Georges | 37, rue Laffitte |

---

EXPOSITION PUBLIQUE

**Le Dimanche 1$^{er}$ Mars ~~1903~~, de 2 heures à 6 heures**

## CONDITIONS DE LA VENTE

La vente sera faite au comptant.

Les acquéreurs paieront *dix pour cent* en sus des prix d'adjudication.

L'exposition mettant le public à même de se rendre compte de l'état et de la nature des objets, il ne sera admis aucune réclamation l'adjudication prononcée.

## ORDRE DES VACATIONS

**Lundi 2 Mars.** Antiquités et Médailles. Nos 1 à 196

**Mardi 3 Mars.** Objets d'art, Tapisseries. Nos 197 à 342

Paris. — Imp. de l'Art, E. Moreau et Cie, 41, rue de la Victoire.

# DÉSIGNATION

## ANTIQUITÉS

### ÉGYPTIENNES, GRECQUES ET ROMAINES

### BRONZES

1 — Jeune athlète, entièrement nu, debout, la jambe gauche avancée ; le bras droit pend le long du corps, la main à demi fermée ; le bras gauche est replié au-dessus de l'épaule : la tête légèrement penchée en avant. Beau travail grec, superbe patine verte. Socle en marbre.

(*Voir planche* V.)

Haut., 20 cent.

2 — Minerve, debout, coiffée du casque athénien, elle est vêtue d'un double chiton serré à la taille, l'égide ornée de la tête de Gorgone couvre la poitrine. De la main droite levée elle brandissait sa lance, le bras gauche légèrement avancé tenait le bouclier. Patine verte. Etrurie. Socle en marbre jaune.

Haut., 16 cent.

3 — Plaquette ronde en bronze ciselé et ajouré représentant Bellerophon combattant la Chimère. Attache carrée accostée de deux dauphins. Patine noire : Etrurie. Belle pièce, très curieuse.

(*Voir planche* V.)

Diam., 92 millim.

4 — Taureau debout, la tête inclinée ; tous les détails anatomiques sont minutieusement rendus. Jolie patine verte. Les pattes sont brisées à leur partie inférieure ; socle en marbre rouge avec support en bronze simulant un tronc d'arbre.

Long., 11 cent.

5 — Hippopotame debout, patine verte.

Long., 65 millim.

6 — Jolie tête de lionne, la gueule ouverte, posée sur une plaquette ornée de palmettes. Décor de siège, jolie patine.

Long., 95 millim.

7 — Tête d'homme, imberbe, couronné de lierre, les yeux incrustés d'émail. Peson de balance.

Haut., 7 cent.

8 — *Ex-Voto*, représentant la partie supérieure du visage, les deux yeux et le nez. Patine noire.

Larg., 10 cent.

9 — Amour nu, debout, appuyé à un tronc d'arbre, tenant une palme de la main gauche et poussant une roue. Base circulaire. Patine verte.

Haut., 14 cent.

10 — Tête de lion, la gueule béante.

Haut., 45 millim.

11 — Petite figurine d'amour assis, les bras ramenés du côté droit.

Haut., 5 cent.

12 — Horus, enfant assis, coiffé des plumes, l'index rapproché des lèvres. Bronze égyptien.

Haut., 12 cent.

13 — Anse de vase à tige cannelée. Dans le haut, une tête de femme ; dans le bas, un masque de Silène. Patine verte.

Haut., 11 cent.

14 — Pied de ciste. Tête de Silène supportée par une patte de lion. Patine verte. Etrurie.

Haut., 7 cent.

15 — Petite tête de femme, posée sur une colonnette en marbre rouge.

16 — Petite colonnette surmontée d'une tête de lion et posée sur une base rectangulaire antique.

Haut., 55 millim.

17 — Jolie tête de Neit, coiffée de la couronne rouge. Les yeux sont incrustés d'or. Egypte.

Haut., 75 millim.

18 — Petite statuette de Silène, assis, sur une outre.

Long., 45 millim.

19 — Gaine formée par trois bustes de femmes accolés.

Haut., 7 cent.

20 — Dé à coudre en bronze, orné de branches, de feuillages et de palmettes.

21 — Plaquette ronde en bronze antique, jolie patine verte. Inscription grecque douteuse.

Diam., 45 millim.

22 — Coupe hémisphérique en bronze à patine verte.

Diam., 85 cent.

23 — Miroir étrusque ; patine verte.

24 — Miroir étrusque, non gravé.

25 — Disque en bronze antique orné de cercles concentriques, jolie patine verte.

Diam., 18 millim.

26 — Petit couvercle de boite à miroir, en bronze, orné de cercles concentriques.

Diam., 4 cent.

27 — Disque de bronze antique, couvercle de boite à miroir.

Diam., 7 cent.

28 — Poids quadrangulaire en plomb, orné d'une tortue en relief; aux angles, des lettres grecques.

Long., 45 millim. ; larg., 45 millim.

29 — Poids quadrangulaire en plomb, orné d'une demi-tortue en relief; aux angles, des lettres grecques.

Long., 35 millim.; larg., 35 millim.

30 — Masque barbu en plomb.

31 — Statuette grotesque.

Haut., 10 cent.

## BIJOUX

32 — Paire de boucles d'oreilles mérovingiennes en or, en forme de polyèdres, ornées de plaques de verroterie et de petits cabochons sertis dans des alvéoles cylindriques. Large anneau façonné en torsade. Trouvés à Witerness (Pas-de-Calais).

33 — Disque de fibule en or, orné de filigranes et de cabochons de couleurs. Époque mérovingienne.

34 — Pendentif de collier, en or antique, représentant une tête de taureau posée sur un disque bordé d'un perlé d'or. Syrie.

35 — Paire de boucles d'oreilles grecques en or antique, façonnées en têtes de lion.

36 — Paire de boucles d'oreilles grecques en or antique, en forme de vases à deux anses et ornées de grenats et de filigranes.

37 — Boucle d'oreille en or façonnée en tête de lion.

38 — Chaînette en or antique, formée de perles d'or et de cornalines; l'attache est façonnée en tête de bélier et une amulette en cornaline, en forme de main est suspendue à l'autre extrémité.

39 — Collier à mailles rondes et plates en or antique, l'attache est en forme de rouelle ajourée.

Long., 39 cent.

40 — Boucle d'oreille grecque en or antique; l'anneau, très gros, est creux et terminé par une tête de lion.

41 — Coulant de collier en or antique façonné en pétale de fleur.

42 — Petite grenouille en or antique, finement ciselée, montée sur une petite baguette torse terminée par une tête de serpent.

43 — Quatre petits fragments d'or antique, à ornements filigranés.

44 — Deux boucles d'oreilles en or antique et médaillon ovale en or, orné d'une tête sculptée sur grenat. Trois pièces.

45 — Petite plaquette en or estampé, bordée d'un semis de points et ornée d'une croix grecque accostée de deux disques.

46 — Boucle d'oreille mérovingienne en argent, en forme de polyèdre, ornée de verroteries de couleurs. Anneau uni, très large.

47 — Petite fibule mérovingienne en argent, ornée de quatre cloisons rondes renfermant des pâtes de verre grenat.

48 — Grande fibule ronde en fer ornée de niellures d'or. Epoque mérovingienne.

49 — Disque de fibule en bronze émaillé à décor rayonnant; les émaux sont très bien conservés. Epoque gauloise.

50 — Fibule ronde en bronze, sur laquelle est posé un dauphin. Traces d'incrustation en émail. Epoque gallo-romaine.

51 — Bague gallo-romaine, en bronze, ornée d'une cornaline gravée.

52 — Bague gallo-romaine en bronze, le chaton orné d'une pierre gravée.

53 — Bisou, debout, coiffé des longues plumes, les mains appuyées aux côtés. Petite statuette égyptienne en argent.

Haut., 4 cent.

## IVOIRES

54 — Tête de fauve en ivoire sculpté, ornement de siège d'un style remarquable.

Haut., 7 cent.

55 — Manche de couteau en ivoire antique représentant un chien.

56 — Manche de couteau en ivoire antique orné d'une figurine d'acrobate.

57 — Manche de couteau en ivoire, orné d'une tête de chien finement sculptée.

58 — Manche de couteau en ivoire sculpté en torsade et terminé par une tête de lion.

## TERRES ÉMAILLÉES

59 — Petite plaquette égyptienne, ornée d'un poisson en relief. Au revers, des figures hiéroglyphiques gravées. Terre émaillée.

60 — Isis allaitant l'enfant Horus. Petite statuette égyptienne en terre émaillée.

61 — Tête de statuette égyptienne en terre émaillée bleu turquoise.

Haut., 8 cent.

62 — Uréus, en terre émaillée bleue.

63 — Figurine de jeune garçon tournée vers la gauche, le torse nu, un pan de son manteau posé sur l'épaule. Fragment d'un vase à reliefs en terre émaillée verte.

64 — Buste de jeune homme, drapé dans sa chlamyde. Fragment d'un vase à reliefs en terre émaillée verte.

65 — Trois petits médaillons en terre cuite antique, représentant une tête de Méduse de face. Traces de dorure.

# GLYPTIQUE

## CAMÉES

66 — **Faune vendangeur**. Debout à droite, devant un cep de vigne, un panier au bras, il cueille une grappe de raisin. Grand sardonyx ovale, à deux couches.

67 — **Tête de Pan**, à droite, couronnée de lierre. Fragment d'un grand camée grec en sardonyx.

68 — **Triton et Néréide**. Un triton adolescent, nageant vers la gauche et tenant une rame, porte sur son dos une Néréide qui déploie sa draperie en guise de voile. Fragment d'un camée grec en agatonyx. (Blanc opaque sur blanc translucide.)

69 — **Tête de Pallas**, à gauche, le casque orné d'un griffon en relief. Beau travail grec. Sardonyx à trois couches.

70 — Silène portant un panier sur l'épaule gauche et un thyrse sur l'épaule droite. Fragment d'un superbe camée grec. Sardonyx à deux couches.

71 — Chien courant à gauche. Sardonyx.

72 — Pan cossant avec une chèvre (turquoise). Buste de négrillon (jaspe brun et jaune). Masque tragique (agate rouge). Petit masque de femme (jaspe rouge). 4 pièces.

## INTAILLES

73 — **Cylindre babylonien** en hématite. Devant un dieu assis et armé d'un sceptre, deux adorants sont debout ; l'un tenant un chevreau, l'autre faisant le geste de la prière. Plus loin, un lion debout sur ses pattes de derrière.

74 — **Scarabée égyptien** en cornaline. Sur le plat, une fleur de lotus.

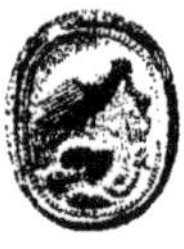

75 — **Scarabée étrusque** en cornaline. Aigle perché sur un rocher et guettant un serpent. *Gravure d'une finesse exceptionnelle.*

76 — Petit scarabée en sardonyx. Chèvre courant à gauche, la tête tournée en arrière.

77 — **Pierre des îles**. Animal couché retournant la tête en arrière. Silex (Crète).

78 — Scarabéoïde en saphirine. Loup en arrêt à droite. *Beau travail grec archaïque du* v^e^ siècle.

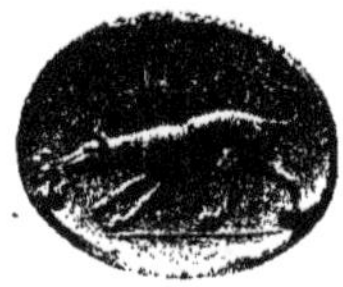

79 — Sceau sassanide en chalcédoine : bœuf bossu ; dans le champ, un croissant et une légende en pehlvi.

80 — Faune dansant, tenant un canthare. Fragment d'une grande intaille ovale en sardoine, de travail grec.

81 — Silène ivre, tenant un canthare. Beau travail grec, Sardoine ronde, mutilée.

82 — Bacchante buvant dans une coupe (agate rubanée). Victoire conduisant un bige (cornaline). Mars portant un trophée (cornaline). Mars assis (agate blonde). Faune debout devant un prêtre étrusque ; entre eux, à terre, une tête humaine (pâte simulant l'agate rubanée, enchassée dans un fragment de bague). Cinq pièces.

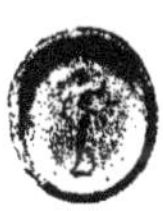

83 — Faune debout, tenant un pedum. Nicolo.

84 — Tête d'adolescent, les cheveux bouclés (type des deniers d'argent de Calpurnius Frugi). Sardonyx.

85 — Buste de Silène : devant, une coupe. Sardoine de très beau style grec.

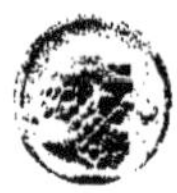

86 — Joli buste lauré et drapé d'Esculape, devant un serpent. Sardoine.

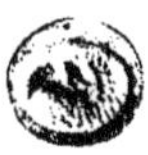

87 — Tête d'aigle. Superbe intaille grecque en sardoine.

88 — Amphore ornée d'un bas-relief (bige à gauche) cornaline. Inscription grecque en trois lignes (Nicolo). Victoire couronnant un bélier couché à tête humaine (jaspe rouge). Tête d'Hygué (prime d'émeraude brisée). Quatre pièces.

89 — Hercule tuant le géant Cacus. Sardoine.

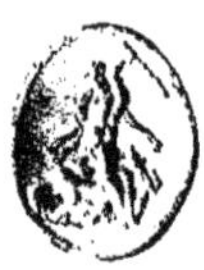

90 — Poète ou philosophe assis à gauche et lisant dans un rouleau déployé. Grenat oriental.

91 — Buste de Jupiter Serapis (jaspe rouge). Victoire debout (hématite). Grylle (agate brune). Trois pièces.

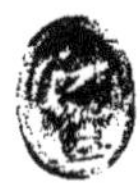

92 — Victoire érigeant un trophée, au pied du trophée, un captif enchainé. Sardoine.

93 — Tête barbue et casquée, de très beau style étrusque. Agate blanche.

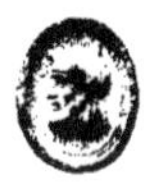

94 — Tête d'Omphale, coiffée de la peau de lion (cristal de roche).

95 — Buste de faune, de face, la tête ceinte de lierre en fleur, la pardalide sur l'épaule. Chalcédoine.

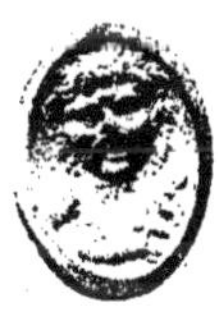

96 — Truie (cornaline) : Taureau (nicolo). Bœuf bossu et inscription en pehlvi (grenat de Syrie). Trois pièces.

97 — Scarabée en sardonyx : Mars debout devant Rome assise. — Amulette égyptienne en verre bleu. Deux pièces.

98 — Camée en jaspe rouge; tête barbue, de profil à gauche.

99 — Masque grotesque en jaspe rouge.

100 — Camée en onyx; tête barbue et laurée; de profil à gauche. Intaille : tête d'homme. Sardoine rubanée. Deux pièces.

101 — Dauphin. Amulette en cornaline.

102 — **Oudja,** amulette égyptienne en améthyste.

103 — Perle de collier en pierre dure décorée d'ornements gravés. Egypte.

104 — Cigale en cristal de roche.

105 — Quatre pâtes de verre à sujets gravés. Personnages de style antique.

106 — Petite plaquette rectangulaire en pâte de verre, irisation dorée exceptionnelle.

## TERRES CUITES, VERRES

107 — Petit lécythe à col droit et à goulot évasé. Sur la panse, une peinture représente un char attelé de quatre chevaux et conduit vers la droite par un écuyer; à l'arrière plan, trois personnages dont un jouant de la lyre. Figures noires gravées au trait sur fond orangé.

Haut., 17 cent.

108 — Lécythe à goulot évasé, décoré d'une figure de femme ailée courant vers la gauche. Dessin rouge sur fond noir. Le haut et le bas de la panse sont ornés d'une frise de grecques et l'épaulement de palmettes stylisées, noires sur fond rouge.

Haut., 28 cent.

109 — Petit lécythe à panse ovoïde : combat de deux guerriers armés de lances et de boucliers. De chaque côté, un personnage drapé tenant une lance. Dessin noir incisé sur fond orangé.

Haut., 11 cent.

110 — Pyxis. Le couvercle est décoré d'un médaillon représentant un amour apportant des présents à une jeune femme assise à gauche; bordure de feuilles et d'oves. Peintures rouges sur fond noir.

Diam., 11 cent.

111 — Très petite coupe couverte, à deux anses et à décor rayonnant.

Diam., 55 millim.

112 — Œnochoé à panse cannelée. Terre noire vernissée.

Haut., 19 cent.

113 — Aryballe corinthien à panse oviforme, décoré d'un coq très finement peint.

Haut., 85 millim.

114 — Tête de lion, la gueule ouverte, la langue pendante, les crocs menaçants. Joli modelé.

Haut., 12 cent.

(*Ancienne collection Rayet.*)

115 — Tête de Méduse. Elle est de face, les cheveux épars et en désordre. Applique en terre cuite noire, traces de dorure.

Diam., 7 cent.

116 — Coupe en terre noire.

117 — Kalathos, orné de cinq personnages, peints en noir sur fond rouge.

Haut., 12 cent.

118 — Lécythe à panse ovoïde, décoré d'une peinture représentant l'équipement d'un guerrier. Dessin noir incisé, sur fond orange.

Long., 22 cent.

119 — Rhyton en forme de tête de cheval. Terre jaune.

Long., 22 cent.

120 — Rhyton en forme de tête d'aigle. Terre jaune.

Haut., 22 cent.

121 — Rhyton en forme de tête de bélier. Décor rouge avec rehauts de blanc et de noir. La partie supérieure du vase est brisée.

122 — Askos. La face antérieure est modelée en forme de tête de lion. Beau style.

Haut., 14 cent.

123 — Aryballe corinthien à panse sphérique, décoré d'un oiseau aux ailes éployées. Terre jaune clair, dessin bistré.

Haut., 95 millim.

124 — Askos, façonné en oiseau de proie, les ailes éployées. Terre blanche, repeints rouges.

Haut., 8 cent.

125 — Très petite coupe (cylix), décorée d'une frise de petits personnages finement peints.

Haut., 7 cent.; diam., 11 cent.

126 — Petite œnochoé à goulot trilobé, panse ornée de fines cannelures. Terre noire vernissée.

Haut., 95 millim.

127 — Lampe à trois becs, en terre cuite, sujet à personnages. ℟. Légende grecque.

128 — Lampe en terre émaillée.

129 — Statuette en terre cuite : amour tenant un bouclier et sonnant de la trompette. Base en forme de chapiteau feuillagé. Asie mineure.

Haut., 20 cent.

130 — Trois statuettes en terre cuite : femmes drapées.

131 — Quatre fragments de statuettes de femmes en terre cuite.

132 — Quatorze torses de statuettes d'hommes nus. Terre cuite.

133 — Quatre lampes en terre cuite.

134 — Deux très petites lampes en terre cuite.

135 — Tête de grotesque. Terre cuite.

136 — Trois petites têtes de grotesques. Terre cuite.

137 — Petit enfant assis. Buste d'amour ailé. Tête de femme. Torse d'homme nu. Quatre petites terres cuites.

138 — Deux bas-reliefs ornés de figures. Un porc. Trois pièces en terre cuite.

139 — Canthare à panse godronnée; la gorge est décorée d'une guirlande de feuilles peinte en rouge sur fond noir.

Haut., 12 cent.

140 — Coupe couverte. Lécyte à peintures rouges. Coupe creuse, à deux anses et à panse godronnée. Trois pièces terre cuite.

141 — Petite pyxis à couvercle orné d'une peinture.

Haut., 47 millim.

142 — Petite amphore, à décor de personnages.

Haut., 6 cent.

143 — Vases et coupes en terre cuite de formes variées. Quatorze pièces.

144 — Flacon piriforme en verre antique.

Haut., 10 cent.

145 — Coupe, à bords droits, en verre antique; irisation rouge.

Haut., 8 cent.

146 — Petite coupe en verre antique. Irisation étamée.

147 — Coupe, à bords évasés, en verre antique.

148 — Coupe sur piédouche, de forme élégante. Verre antique.

149 — Petit vase balustre en verre antique. Irisation rouge.

150 — Deux flacons à longs cols. Verre antique.

## SCULPTURES

151 — Œnochoé à une seule anse et à goulot trilobé. Granit gris. *Belle pièce.*

Haut., 28 cent.

152 — Tête égyptienne de profil à droite, coiffée du serre-tête orné de l'uréus. Bas-relief en pierre calcaire. Travail très fin. Monté dans un cadre en bois noir et sous verre.

Haut., 17 cent.; larg., 15 cent.

153 — Haut-relief en pierre calcaire représentant un homme à mi-corps; barbu, les cheveux relevés et ondulés; drapé dans une chlamyde retenue

par la main droite, la main gauche posée sur la poitrine. Inscription palmyrénienne en quatre lignes gravée sur le fond.

Haut., 60 cent.; larg., 45 cent.

154 — Haut-relief en pierre calcaire représentant un homme à mi-corps; barbu, les cheveux relevés; il est vêtu d'une chlamyde dont un pan est rejeté sur l'épaule gauche, laissant la main droite découverte; la main gauche est ramenée contre la poitrine. Inscription palmyrénienne en trois lignes, gravée sur le fond.

Haut., 60 cent.; larg., 45 cent.

155 — Haut-relief en pierre calcaire représentant un jeune homme à mi-corps, drapé dans une chlamyde dont il tient les plis de la main droite. La main gauche porte un fruit. La tête est frisée, la figure imberbe. Inscription palmyrénienne en quatre lignes, gravée sur le fond.

Haut., 47 cent.; larg., 40 cent.

156 — Buste de jeune homme, imberbe, coiffé d'une haute couronne ronde, drapé dans une chlamyde retenue sur l'épaule droite par une fibule circulaire. Inscription palmyrénienne en dix lignes, gravée sur le fond. Haut-relief en marbre blanc.

Haut., 50 cent.; larg., 40 cent.

157 — Fragment de chapiteau, orné de masques barbus et de palmettes. Marbre blanc.

Haut., 12 cent.

Pl. I

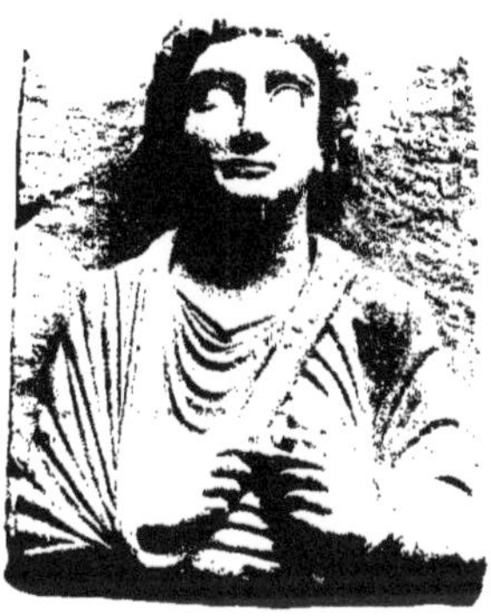

155

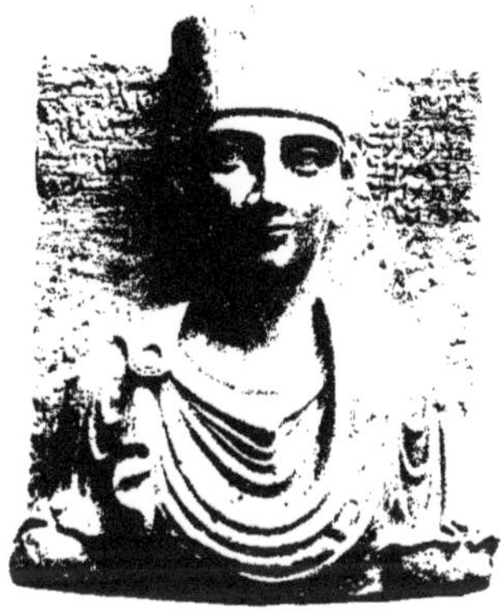

156

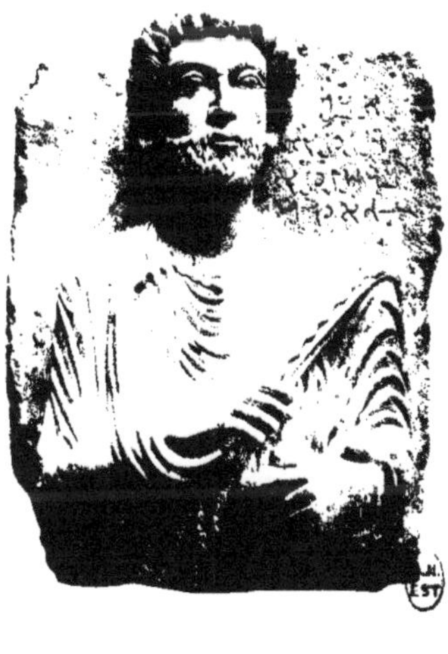

153

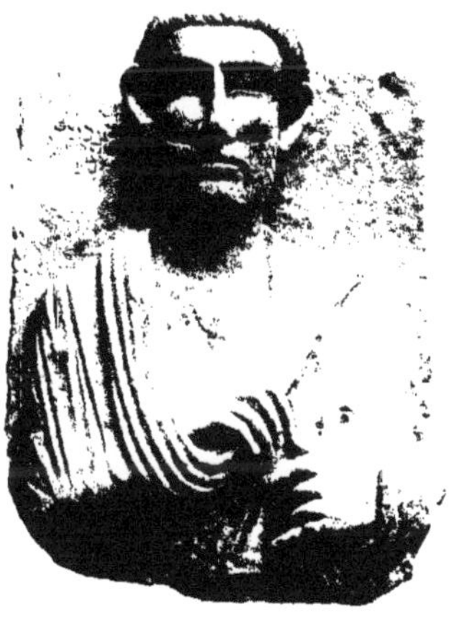

154

158 — Jolie petite tête casquée en pierre sculptée.

Haut., 45 millim.

159 — Tête de jeune homme, les cheveux ondulés ; fragment de haut-relief en marbre de Paros.

Haut., 8 cent.

# MÉDAILLES

## JETONS ET MONNAIES

160 — Catherine de Médicis. KATHARI · REGIN. HENRII · VXOR · FRANCI · CAROL ET HENR · REGVM MATER. Buste, drapé et voilé de trois-quarts à gauche. ℞. *Incus* : Bronze, T. B.

Diam., 163 millim.

161 — Henri IV et Marie de Médicis, HENRI · IIII. R · CHRIST · MARIA · AVGVSTA. Bustes géminés, le roi en armure, 1603. G. DVPRE. F. ℞. PROPAGO · IMPERI. Henri donnant la main à Marie, qui porte le casque, l'égide et le bouclier de Minerve : entre eux, le dauphin, essayant un casque ; dans les airs, un aigle apportant une couronne. Bronze, T. B.

Diam., 67 millim.

162 — Henri IV et Marie de Médicis. PROPAGO · IMPERI. Henri donnant la main à Marie qui porte le casque, l'égide et le bouclier de Minerve ; entre eux, le dauphin essayant un casque ; dans les airs, un aigle apportant une couronne. G. DVPRE. F. ℞ : *Incus*. Bronze doré. T. B.

Diam., 190 millim.

163 — Louis XIII. LVDOVICVS · XIII · D · C · FRANCORVM · ET NAVA · REX. Buste cuirassé à droite. Bronze, T. B. ℞ : *Incus*.

Diam., 62 millim.

Pl. II

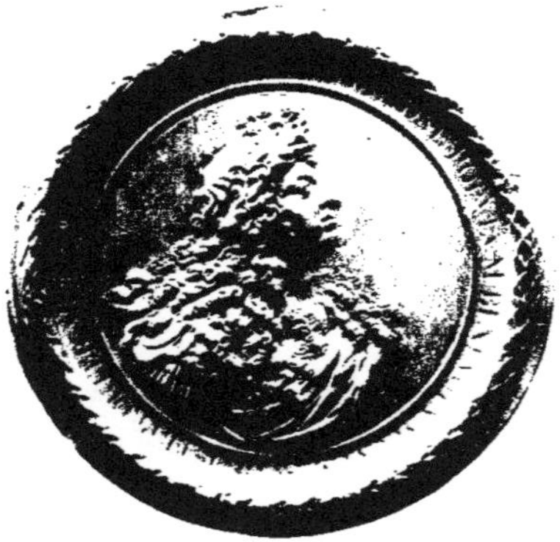

165

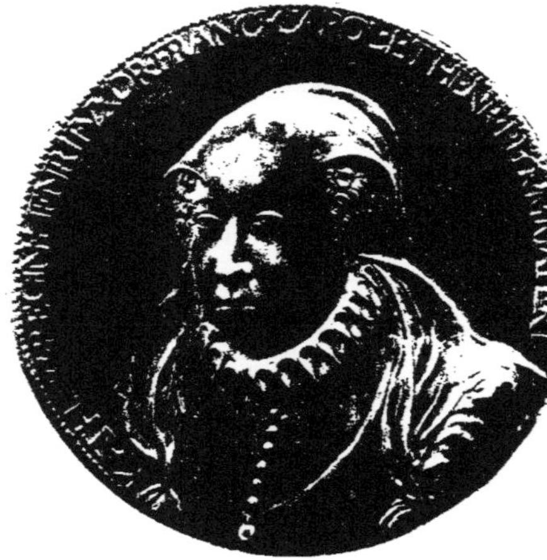

166

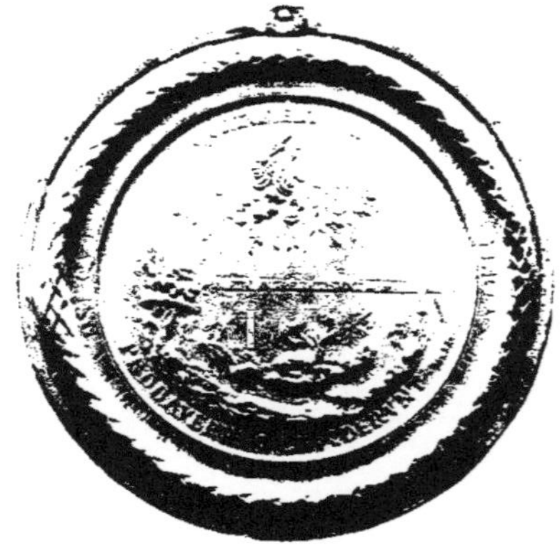

165



Phototypie Berthaud Paris

164 — Anne d'Autriche et Louis XIV jeune. Personnages en regard; vus à mi-corps. ANNA · D · G. FR · ET · NAV · REG · RE · R · MATER · LVD · XIV · D · G · FR · ET · NAV · REG · CHR. ℞ : Façade du Val-de-Grâce. OB · GRATIAM · DIV · DESIDERATI · REGII · ET · SECVNDI · PARTVS. Exergue : QVINTO · CAL · SEPT · 1638. Bronze, T. B.

Diam., 95 millim.

165 — Louis XIV. Légende gravée au burin : BENEDIC DNE POPVLVM BENEVOLVM QVEM AVDIVISTI PROPTER ME IN AMARITVDINE MEA. Son buste cuirassé et drapé de profil à droite ; dessous : *Bertinet*. Couronne de feuilles, en relief formant bordure. ℞ : SUPER · TERRA · AVFERENS · BELLA · *PS · 45 · 1678. Bertinet in. et sculp.* VIDETE · OPERA · DNI . QVÆ · POSVIT · PRODI-GIA. Palme et une branche de feuilles nouées par un ruban. Paysage avec animaux et oiseaux et un semis de branches de feuilles gravées. Au-dessus : sur un nuage cachant le soleil, le buste drapé de Louis XIV de profil à droite, surmonté d'une banderole avec l'inscription, ORTVS EST SOL ; sous le buste, une autre inscription, également sur une banderole, ET CONGREGATI SVNT *PS. 103* Exergue : PROBAVERVNT · ET · VIDERVNT · *PS · 94*. Couronne de feuilles, en relief, formant bordure. Bronze clair. Très rare. Conservation exceptionnelle.

Diam., 135 millim.

166 — Victor-Amédée et Christine de France, duc et duchesse de Savoie. VICTOR AMEDEVS DVX SAB·PRINC·PED·REX·CIPR. Son buste cuirassé, à droite, recouvert d'un grand col garni de dentelles. Dessous : A. DVPRÉ F 1636. ℞. CHRISTIA·A FRANCIA DVA SAB·REG·CYPR. Buste de profil à gauche, couronné, vêtu d'un manteau orné de fleurs de lys, sur lequel est posé un large col de dentelles laissant la gorge décolletée. Exergue : A·B·DVPRÉ F.1637. Bronze, patine brune. T. B.

Diam., 103 millim.

167 — Henri d'Orléans, duc de Longueville. Son buste cuirassé à droite. ℞. Anne-Geneviève de Bourbon, souveraine de Neufchâtel (Suisse). Son buste décolleté à gauche. Bronze superbe.

Diam., 51 millim.

168 — Sully (Duc de). MAXI. DE. BETHVNE DVC DE SVLLY G. M. DE LART DE. F. Buste à dr. cuirassé et drapé. ℞. QVO IVSSA IOVIS. Aigle tenant le foudre; dessous, une ville fortifiée. Argent. T. B.

Diam., 43 millim.

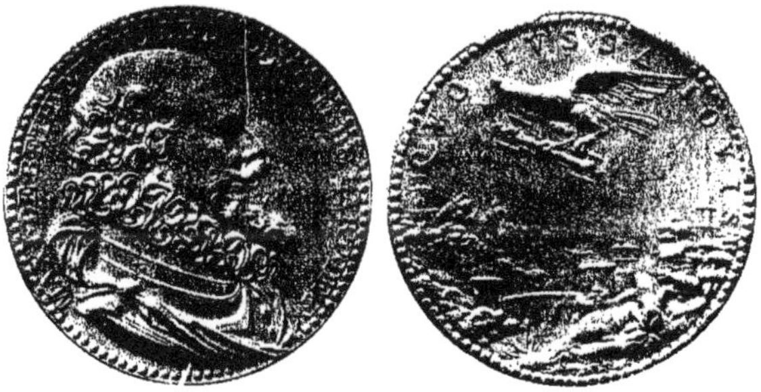

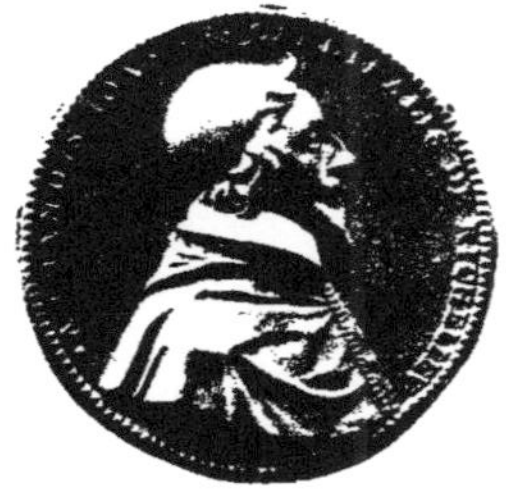

170

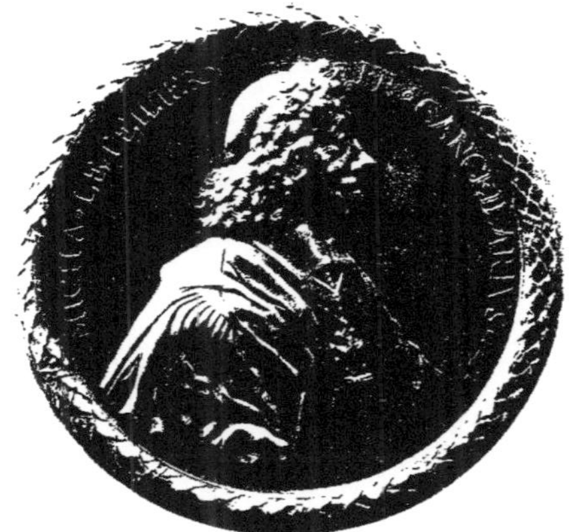

172

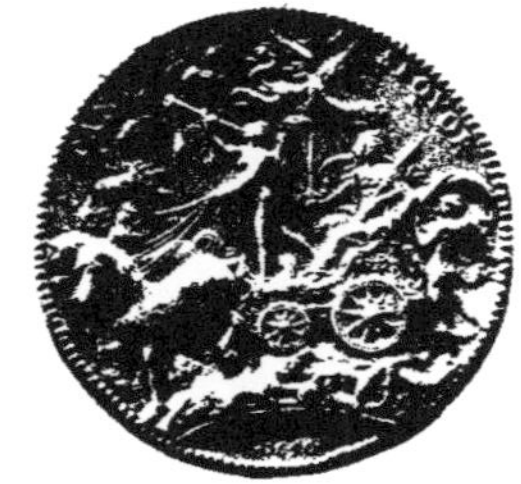

170

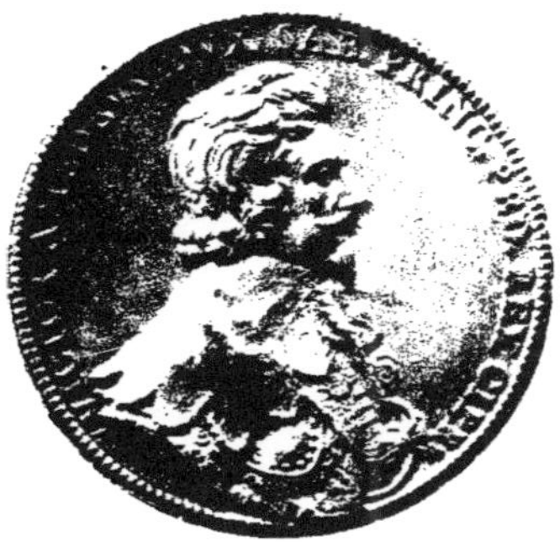

166

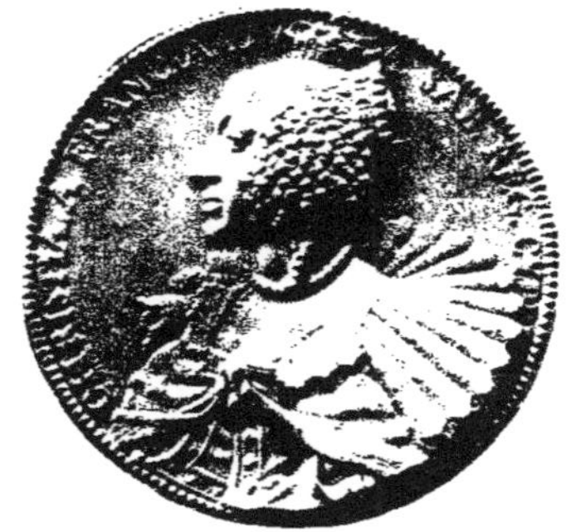

166

H. Leman, Expert.

Phototypie Berthaud, Paris.

Pl. IV

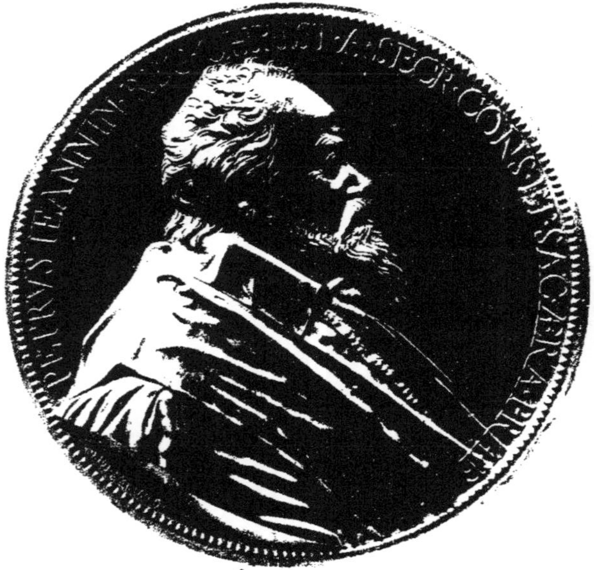

171

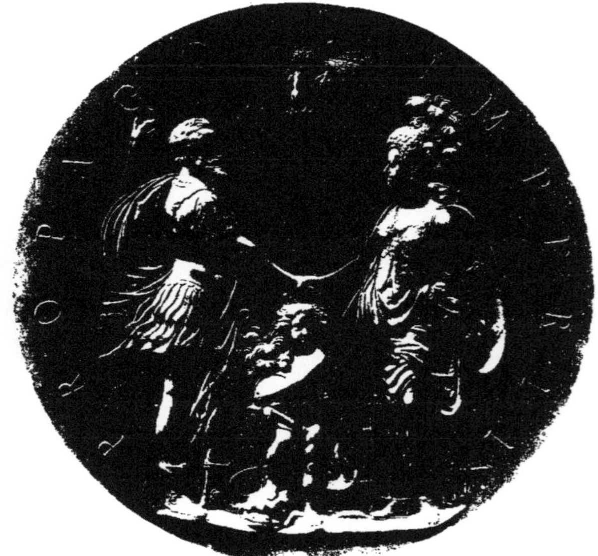

162

H. LEMAN, Expert.

Phototypie Berthaud, Paris

169 — Mazarin (Le cardinal). IVLIVS.CARDINALIS. MAZARINVS. Buste à droite en habit cardinalice. ℟. HINC·ORDO HINC COPIA RERVM· 1660 (fleurette). Le soleil éclairant une mer démontée. Argent T. B.

Diam., 57 millim.

170 — Richelieu. ARMANDVS IOANNES CARDINALIS DE RICHELIEV. Buste à droite, en habit cardinalice. ℟. TANDEM VICTA SEQVOR. La France assise sur un char à gauche conduit par la Renommée, Exergue : WARIN·1630 Bronze. T. B.

Diam. 77 millim.

171 — Jeannin (Pierre), diplomate et surintendant des finances (1540-1622). PETRVS IEANNIN· REG · CHRIST · A · SECR · CONS · ET · SAC · ÆRA · PRÆF. Buste drapé à droite. Exergue : G · DVPRE · F · 1618. ℟ : *Incus.* Superbe patine noire T. B.

Diam., 190 millim.

172 — Letellier (Michel), chancelier de France. MICHA · LETELLIER · FR · CANCELLARIVS · 1678. Buste à droite, avec la simarre et la calotte, dessous *Bertinet*. Couronne de feuilles en relief formant bordure ; inscription sur fond pointillé. Le ℟ : lisse porte les armes de Letellier finement gravées en creux et surmontées de la devise : ILLIVS SPEX (soleil) DORE MICANT. Bronze à patine claire. Superbe exemplaire.

Diam., 130 millim.

173 — Frère (Claude). Premier président du parlement de Dauphiné. CLAVD · FRERE · PR · PRÆS SEN · GRA · 1624. Buste drapé à gauche. Dessous : OLIER · F· ℟ : FRVOR DVM FOVEO. Main droite tenant une aiguière et arrosant une plante. Bronze. T. B.

Diam., 43 millim.

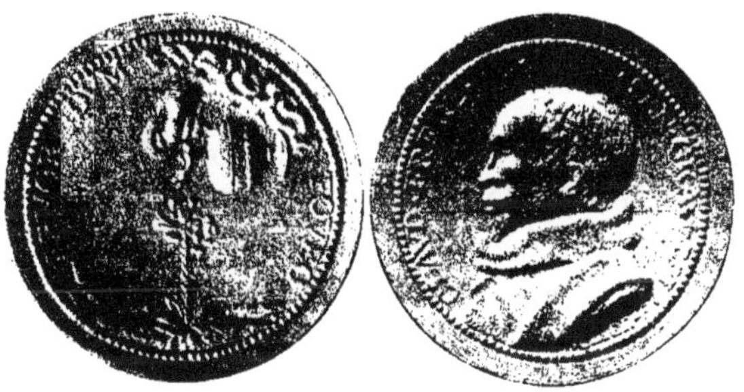

174 — Expilly (Claude d'), président du parlement de Dauphiné. CLAVD · EXPILLI · COM · CONSIST · S · D · PRÆS ÆT · 75. Buste à droite avec la simarre et la calotte ; dessous DVPRE 1636. ℟ : NEC GEMERE CESSABIT. Rossignol perché sur un arbre mort. Argent T. B.

Diam., 47 millim.

175 — Expilly (Claude d'), président du parlement de Dauphiné. CLAVD · EXPILLI · COM · CONSIST · S · D · PRÆS. Buste drapé de trois quarts à gauche. Dessous : 1630 · OLIER. ℟ : NEC GEMERE CESSABIT. Rossignol

perché sur un arbre mort. Exergue, 1630. Bronze. B.

Diam., 49 millim.

176 — MARIE DE VIGNON MARQVISE DE TREFFORT · I · R · F · 1613. Son buste à droite, une longue fraise de dentelles sur les épaules. ℞ : lisse. Bronze. Belle.

Diam., 108 millim.

177 — TRYPHON GABRIEL. Son buste de profil à gauche. ℞. : INNOCENS MANIBVS ET MVNDO CORDE. Femme debout à droite devant une fontaine. Bronze B.

Diam., 44 millim.

178 — Bembo (Pierre), Vénitien, né en 1470, cardinal en 1538 + 1547. Par Benvenuto Cellini. PETRI BEMBI CAR. Buste à droite. ℞. sans légende. Pégase tourné à droite. Bronze. T. B. (Armand I, p. 146, nº 1.)

Diam., 54 millim.

179 — Tartagni (Alexandre) par Spérandio. ALEXANDER · TARTAGNVS · IVRE · CONSVLTIS SIMUS AC · VERITATIS · INTERPRS. Son buste à gauche. Bordure de feuilles gravée au burin. Bronze T. B. (Armand. 44).

Diam., 83 millim.

180 — HANS HAVSCHEL, âgé de 24 ans, son buste à droite.

℟. : ICH HABS GE
STALT.
IN GOTS GEWALT
M · D
X X X IIII

Bronze : T. B.

Diam., 39 millim.

181 — Huit médailles variées, et un médaillon à double face en bois sculpté.

182 — **Monnaies grecques**. Syracuse. Tête de Pallas. ℟. Pégase (argent), très belle. Naples, Velia, Alexandre-le-Grand. Arg. et br. 9 pièces.

183 — Monnaies diverses : romaines, byzantines, françaises et étrangères. Arg. et br. 54 pièces.

184 — **Jetons d'argent** du XVIII<sup>e</sup> siècle : Chamillart, contrôleur des finances (1701), 2 pièces. Grand jeton ovale aux armes de Philippe d'Orléans-Égalité et de sa femme Marie-Louise-Adélaïde de Bourbon-Penthièvre. *Buste de Louis XV :* Ordre de saint Louis, États de Bretagne, Académie française, etc., 19 pièces. *Buste de Louis XVI :* Société d'agriculture, Experts des bâtiments, 5 pièces. En tout, 27 pièces.

185 — **Jetons d'argent du XIX<sup>e</sup> siècle** : Société des bibliophiles, 7 pièces. Société d'agriculture, 14 pièces. Divers, 5 pièces. En tout, 26 pièces.

186 — **Médailles de grands hommes**. *Généraux :* Turenne, Vauban, Catinat, Villars, Hoche, Desaix, Masséna, etc. Br. 16 pièces.

187 — **Littérateurs** : Rabelais, Montaigne, Corneille, Racine, Molière, La Fontaine, M$^{me}$ de Sévigné, Pascal, La Bruyère, Fénélon, Voltaire, Rousseau, Delille, Le Brun, Goëthe, M$^{me}$ de Staël, etc. Br. 44 pièces.

188 — **Peintres, sculpteurs, graveurs** et **architectes** : Poussin, Mignard, Le Brun, Jos. Vernet, Puget, Warin, Edelinck, Ph. de l'Orme, Mansart, etc. Bronze. 10 pièces.

189 — **Divers** : Sully, Turgot, Lavoisier, Bailly, Cassini, Lagrange, Montgolfier, Monge, Bichat, Quinault, Grétry, etc. Bronze. 41 pièces.

190 — **Napoléon**, Buste à droite. ℞ Statue d'Esculape : École de Médecine. Bronze.

191 — Médaille commémorative de la visite du prince Électoral de Bade à la Monnaie. Mars 1806. Effigie de Napoléon. Bronze.

192 — Nap.-Louis I, roi de Hollande, conn. de France. Son buste à droite. ℞ Ses armes. Bronze.

193 — Médaille commémorative de la translation du corps de Turenne, le 5$^{e}$ jour complémentaire, an VIII, 1$^{re}$ année du Consulat. Buste de Turenne à gauche. Bronze.

194 — Médaille commémorative, relative à la liberté de la presse, confisquée par les Ordonnances du 25 juillet 1830. Signée *A. Caqué*. Bronze.

195 — Médaille en bronze : DIVA AVGVSTA DIVAE FAVSTINA. Son buste drapé à droite. ℞ DIVA FAVSTINA SIVS ANTONINVS. Antonin et Faustine assis en regard et se donnant la main.

Diam., 107 millim.

196 — Médailles diverses.

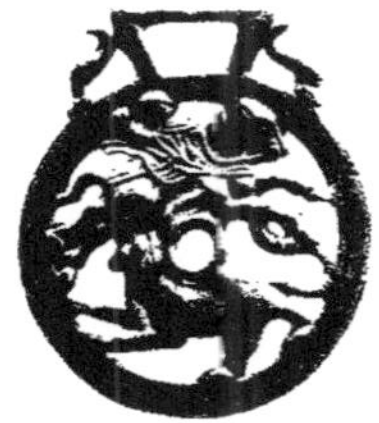

3

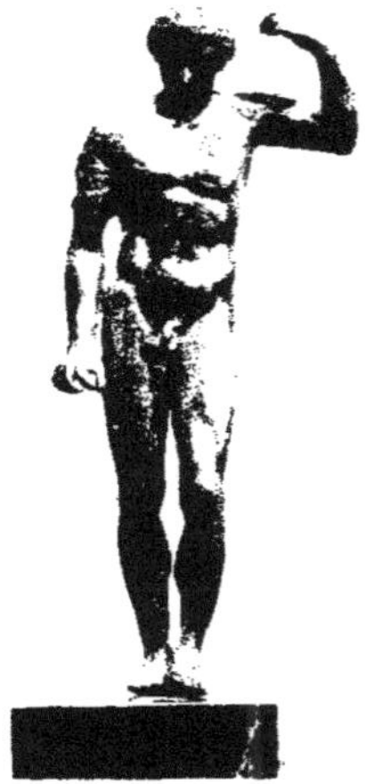

1

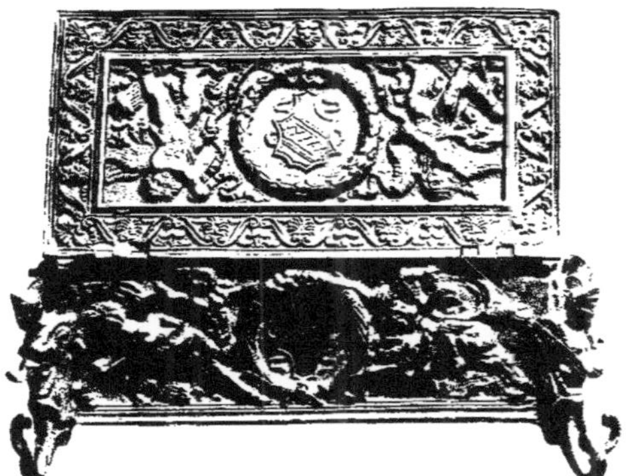

197

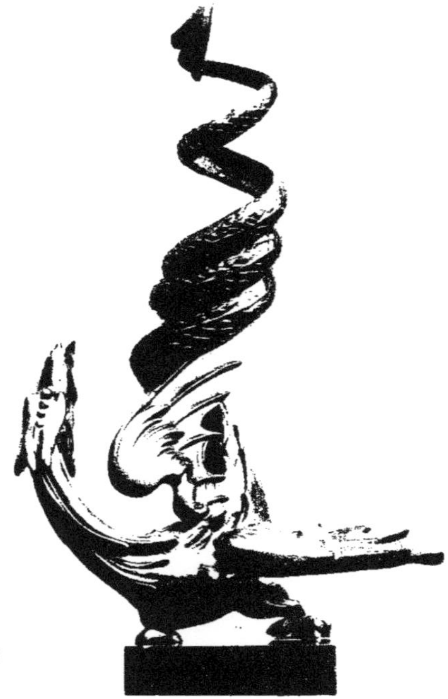

198

H. Leman, Expert.

Phototypie Berthaud, Paris

# OBJETS D'ART

## BRONZES, FERS, CUIVRES

197 — Coffret rectangulaire en bronze du xv^e siècle. Le couvercle représente deux amours ailés tenant des rubans et placés de chaque côté d'une couronne de feuillages renfermant un écusson armorié. Encadrement de palmettes; bords moulurés. Les plaques de devant et de derrière représentent deux centaures portant en croupe une femme drapée; placés de chaque côté d'une couronne, formée de deux cornes d'abondance remplies de fruits. L'un des centaures est barbu et sous ses pieds, à terre, on voit un violon : près de l'autre, imberbe, une flûte de Pan. (*Molinier II. N° 412.*) Sur les plaquettes des côtés, tête de Méduse vue de face, posée sur une guirlande de feuillages suspendue par des rubans. Le coffret repose sur quatre pieds formés par des cariatides à têtes casquées. Jolie patine noire. École de Donatello.

Haut., 63 millim.; long., 23 cent.; larg., 14 cent.

198 — Dragon aux ailes éployées, replié sur lui-même, la tête redressée et menaçante; sa queue, enroulée en trois spires, est terminée par un

dard triangulaire. Joli bronze, à patine noire, du commencement du XVIe siècle. Base moulurée en marbre rouge.

Haut., 34 cent.

199 — Petit buste de Minerve, la tête coiffée du casque corinthien dont le cimier a la forme d'un sphinx accroupi. Bronze du XVIe siècle.

Haut., 75 millim.

200 — Encrier rectangulaire en bronze doré, formé de plaquettes finement ciselées, à décor de médaillons contenant des bustes, de cuirs découpés, d'enfants jouant avec des animaux, et d'ornements Renaissance. Il repose sur quatre pieds en forme de pattes de lion. Le couvercle manque. Italie, XVIe siècle.

Long., 195 millim.; larg., 85 millim.

201 — Deux petits bustes en bronze : le Christ et la Vierge. XVIIe siècle. Socles en marbre rouge.

202 — Mortier en bronze ; la panse est ornée de contreforts en relief. Dans le haut, une inscription : MENSIS MADIUS MCCCCLXVIII.

Haut., 9 cent.

203 — Mortier en bronze, orné d'écussons armoriés, de bustes et d'une inscription en lettres gothiques. XVIe siècle.

204 — Agrafe en bronze. Le crochet émerge d'une tête de chien. La plaque, découpée en deux branches, représente deux chevaux adossés.

Long., 115 millim.

205 — Mortier arabe en bronze, orné de bossettes en relief et d'ornements gravés. XVIe siècle.

Haut., 12 cent.

206 — Statuette d'amour nu, debout. Bronze du XVIIe siècle.

207 — Plaque en fer repoussé et doré : Hercule combattant Cerbère. XVIe siècle.

Larg., 21 cent.

208 — Plaquette ovale en bronze doré, représentant un centaure marchant vers la droite. XVIe siècle.

209 — Plaquette rectangulaire en bronze. Sujet allégorique à personnages représentant le retour d'un guerrier vainqueur. Bordure de guirlandes de fleurs et feuillages.

Larg., 15 cent.

210 — Plaquette rectangulaire représentant des enfants nus, jouant dans un jardin.

Larg., 16 cent.

211 — Plaquette en bronze, représentant deux enfants dont le corps se termine en cep de vigne feuillagé. Ils tiennent une guirlande formant un médaillon ovale.

Long., 35 cent.; larg., 11 cent.

212 — Petite plaquette en bronze. Enfants nus dansant et jouant.

Long., 15 cent.

213 — Deux statuettes de chevaux. Bronzes à patine brune. Époque Empire. Socles en marbre rouge.

214 — Coquemar en dinanderie, en forme de lion dressé sur ses pattes. L'anse est formée par un dragon. XIIIe siècle.

Haut., 20 cent.

215 — Petite statuette en bronze doré, représentant saint Jean debout, drapé dans un ample manteau. XVIe siècle.

216 — Petit vase de forme ovoïde, à deux anses, en bronze ciselé, gravé et doré, orné de deux médaillons en argent ciselé. XVIIe siècle.

217 — Plaque ovale en cuivre doré et repoussé, représentant saint Millan, tenant un livre et une crosse. XVIIe siècle.

218 — Plaque ronde en cuivre repoussé, décorée de deux blasons timbrés d'une couronne de prince. XVIIe siècle.

Diam., 18 cent.

219 — Deux petites plaquettes en cuivre ciselé, gravé et repercé, représentant deux oiseaux chimériques affrontés.

220 — Plaquette ronde ajourée en argent : combat d'animaux.

221 — Bénitier en cuivre, repercé et gravé, à décor d'animaux, feuillages et rinceaux.

222 — Serrure en fer poli, composée d'une plaque ronde munie d'un bouton ciselé et ornée d'une bordure repercée à jour, à décor de rinceaux et de grecques. La clef, à canon en forme d'as de pique, est ornée d'un chapiteau feuillagé et terminée par un anneau formé de deux dauphins affrontés. XVIIe siècle.

223 — Marteau de porte en fer ciselé. Il est orné d'un double écusson, timbré d'une couronne, soutenu par deux chiens dont le corps se termine en volutes feuillagées. Dans le haut, masque de faune barbu couronné de lierre. XVIIe siècle.

Haut., 27 cent.

224 — Plaque d'applique en fer découpé.

225 — Clef en fer, l'anneau est découpé à jour, ciselé et gravé, composé de feuillages et d'ornements; le canon est cannelé. XVIIe siècle.

Long., 14 cent.

226 — Clef en fer, le canon uni est surmonté d'un chapiteau à huit pans, sur lequel repose l'anneau décoré d'ornements ajourés en forme d'S. XVIe siècle.

227 — Fourreau de dague suisse en fer ciselé et découpé, orné de fleurs de lys et d'une figurine de cavalier.

228 — Deux boulons en bronze, à décor de têtes d'oiseaux. Ancien travail oriental.

229 — Bracelet en fer gravé.

230 — Grelot en bronze, décoré d'un semis de fleurs de lys.

231 — Petite statuette de Napoléon Ier. Plomb.

# OBJETS DE VITRINE

## ET DIVERS

232 — Statuette d'autruche en cristal de roche gravé ; les pattes en argent ciselé reposent sur une base en cristal de roche taillé à facettes. Fin du XVI$^e$ siècle.

Haut., 19 cent.

233 — Petit reliquaire en argent doré, en forme d'édifice gothique à quatre côtés, muni d'un toit pointu, flanqué de contreforts, et orné de fenestrages et clochetons ; il est posé sur une colonnette en cristal de roche fixée à une base hexagone en cuivre doré. XV$^e$ siècle.

Haut., 22 cent.

234 — Médaillon en cuivre doré, terminé par une bélière, orné de deux plaques niellées ; d'un côté on voit la Vierge tenant l'Enfant Jésus ; de l'autre, deux bustes d'homme et de femme affrontés. Italie, XVI$^e$ siècle.

Diam., 4 cent.

235 — Deux plaquettes quadrilobées en argent gravé. Symboles des évangélistes. XV$^e$ siècle. Médaillon en argent repoussé. Bustes du Christ et de la Vierge. XVI$^e$ siècle.

236 — Plaque en argent repoussé, ciselé et gravé en forme d'écusson surmonté d'une couronne

et soutenu par deux lions, décorée d'inscriptions hébraïques. Travail hollandais du XVIII^e siècle.

Haut., 33 cent.

237 — Couteau monté en cristal de roche. La lame est droite et pointue, le manche, en cristal de roche, est à huit pans et décoré d'un semis de points gravés; les viroles sont en argent doré. XVI^e siècle.

(*Collection Spitzer.*)

238 — Fourchette, montée en cristal de roche, analogue à la pièce précédente. XVI^e siècle.

(*Collection Spitzer.*)

239 — Couteau à manche en cristal de roche, analogue aux pièces précédentes. XVI^e siècle.

(*Collection Spitzer.*)

240 — Cuillère en argent, le manche à pans se termine par un écusson gravé. Allemagne. XVI^e siècle.

Long., 11 cent.

241 — Cuillère en écaille, le manche rond est en argent décoré d'un semis de fleurettes niellées et terminé par une boule en argent doré. Italie. XVI^e siècle.

Long., 18 cent.

242 — Couteau et fourchette à manches d'argent ciselé, formés de deux serpents tordus et surmontés par une tête de lion. Travail allemand du XVIe siècle.

Long., 21 cent.

(*Collection Spitzer.*)

243 — Fourchette à deux dents, le manche est rond en fer ciselé et repercé, orné de feuillages et palmettes. XVIIe siècle.

Long., 20 cent.

244 — Cuillère en bronze; le manche à pans est terminé par une torsade. XVe siècle.

Long., 20 cent.

245 — Fourchette à trois dents; le manche est terminé par une cariatide de femme et orné en bas d'un masque barbu. Bronze. XVIe siècle.

Long., 15 cent.

246 — Fourchette à deux dents. Le manche en ivoire est terminé par une tête de lion. Italie. XVIe siècle.

Long., 21 cent.

247 — Couteau à manche carré en ivoire cannelé, orné à son extrémité d'un masque en argent. Lame gravée et dorée. Italie. XVIe siècle.

Long., 17 cent.

248 — Petit couteau pliant, à lame arrondie; manche en écaille terminé par une petite crosse ajourée en ivoire. XVIe siècle.

249 — Petit couteau ; le manche est en fer damasquiné d'argent. XVIe siècle.

250 — Couteau à lame droite ; le manche, en ivoire, est monté entre un pommeau et une large virole en fer damasquiné d'argent. XVIIe siècle.

Long., 21 cent.

251 — Étui à couteau en galuchat.

252 — Ciseaux et étui à ciseaux en fer repercé et gravé. XVIIIe siècle.

253 — Paire de ciseaux en argent doré. Les lames sont ornées d'ornements ciselés, et les branches sont découpées à jour et ornées de perles.

Long., 19 cent.

254 — Châtelaine en argent, pavée de cailloux du Rhin.

255 — Très petit émail sur or : buste d'homme de trois quarts à droite, coiffé d'une longue perruque. XVIIe siècle.

256 — Huit petits émaux à décor de personnages.

257 — Miniature ovale sur ivoire : jeune femme en robe jaune, coiffée d'un bonnet à rubans, et mangeant un gâteau.

Larg., 55 millim.

258 — Plaque ronde en porcelaine peinte, représentant des jeunes femmes nues, jouant avec un amour.

Diam., 13 cent.

259 — Râpe à tabac en buis, décorée d'un écusson armorié, timbré d'une couronne et d'ornements feuillagés. XVIII^e^ siècle.

260 — Plaque de navette en ivoire sculpté et ajouré, à décor de personnages, oiseaux et feuillages. XVIII^e^ siècle.

261 — Agrafe de châtelaine en acier ciselé et gravé, décorée d'un médaillon ovale renfermant des fleurs. Époque Louis XVI.

262 — Grand collier, orné de huit camées à têtes d'hommes et de femmes en jaspe vert, appliqués sur des médaillons ovales en verre opaque et sertis dans une monture en or émaillé. Ces médaillons sont retenus par des chainettes d'or à mailles fines et séparés par des cabochons en cornaline jaune. Époque Empire.

263 — Anneau en argent doré, portant au pourtour une inscription en lettres gothiques.

264 — Cachet en agent ciselé, gravé d'inscriptions arabes.

265 — Sceau circulaire en plomb.

266 — Deux sceaux en plomb, à décor de figures et d'armoiries.

Diam., 8 cent.

267 — Deux très petites coupes en plomb, décor de palmettes.

268 — Cachet armorié en cuivre et un petit cachet en acier gravé, se repliant dans une gaine en bronze ornée d'un buste.

269 — Montre en cristal de roche en forme de croix. Le boitier est taillé à pans et monté en argent. Cadran en cuivre gravé, décoré de rinceaux. XVII<sup>e</sup> siècle.

Haut., 55 millim.

270 — Grosse montre en argent repoussé, à décor de feuillages et de fleurs. Elle est contenue dans son écrin ancien en cuir clouté d'argent. XVII<sup>e</sup> siècle.

271 — Statuette en ivoire, représentant la Vierge portant l'Enfant Jésus. XVII<sup>e</sup> siècle.

Haut., 11 cent.

272 — Tête de Christ en ivoire sculpté. XVI<sup>e</sup> siècle.

273 — Petit torse d'homme nu en ivoire. XVII<sup>e</sup> siècle.

274 — Petite tête de mort en ivoire.

275 — Petite statuette en ivoire, représentant l'Enfant Jésus. XVII<sup>e</sup> siècle.

Haut., 9 cent.

276 — Figurine chinoise d'homme à demi-couché tenant un vase. Pierre de lard. Petite statuette indo-chinoise en bronze, représentant une femme agenouillée. Deux pièces.

277 — Pion de damier en bois, orné du buste-applique en pâte colorée de Conrade de Rosen. Travail allemand du XVI^e siècle.

Diam., 53 millim.

278 — Tête d'enfant joufflu, les cheveux frisés. Bois sculpté. XVII^e siècle.

Haut., 20 cent.

279 — Tête d'ange ailée en bois sculpté. XVII^e siècle.

280 — Petite statuette en bois sculpté, représentant la Vierge debout portant l'Enfant Jésus. Fin du XV^e siècle.

Haut., 19 cent.

281 — Figurine de Christ en bois sculpté polychromé.

282 — Deux statuettes de saintes femmes, vues à mi-corps, en bois sculpté et doré. XVII^e siècle.

283 — Aigle en bois sculpté et doré.

Haut., 40 cent

284 — Plaquette cintrée en bois, ornée d'inscriptions arabes, sculptées en relief.

Haut., 21 cent.

285 — Deux petites plaquettes en bois sculpté, orné de personnages placés dans des médaillons et sous des arcatures cintrées; frise d'inscriptions grecques. Travail du Liban.

286 — Deux petites plaquettes en bois ornées d'inscriptions orientales.

287 — Manuscrit sur parchemin. Seize feuillets. Les trois premières feuilles sont ornées de portraits et de figures de saints, de bandes décorées de fleurs et d'oiseaux, d'écussons armoriés et d'un arbre généalogique. Fin du XVIe siècle. Reliure en velours rouge.

Haut., 30 cent.; larg., 20 cent.

288 — Petit morceau de tapisserie florentine tissée d'or, représentant la Vierge en prières, nimbée, vue à mi-corps. XVIe siècle. Cadre Louis XIV en bois sculpté.

Haut., 21 cent.; larg., 16 cent.

289 — Petit bâton avec pommeau en bois clouté de cuivre et inscrustations de nacre et de corail.

290 — Petite chope en grès, à couvercle en étain.

Haut., 12 cent.

291 — Médaillon en terre cuite par NINI, B. FRANKLIN· AMÉRICAIN. NINI· E· 1777.

292 — Brique moulée à décor de léopards et de palmettes. XVIe siècle.

293 — Deux statuettes de femmes agenouillées, drapées et coiffées du claft égyptien orné de l'uréus. Biscuit.

Haut., 20 cent.

294 — Poire à poudre en corne, décorée d'attributs religieux sculptés en reliefs.

295 — Boite à jeu, à couvercle décoré d'un encadrement de feuillages, de fleurs et de personnages peints au vernis Martin. L'intérieur est garni de quatre petites boites contenant des jetons et décorées de guirlandes de fleurs et de fruits. XVIIIe siècle.

# FAIENCES ORIENTALES

## VERRE DE VENISE — VITRAUX

296 — Panneau rectangulaire composé de plaques en ancienne faïence de Damas et représentant une porte de mosquée, flanquée de deux colonnes à chapitaux feuillagés supportant une arcature ogivale à laquelle est suspendue une lampe ornée d'inscriptions arabes. A terre, deux chandeliers dans lesquels brûlent des cierges. Décor bleu et vert sur fond blanc.

Haut., 1 m. 30 cent.; larg., 65 cent.

297 — Vase à panse piriforme en faïence de Damas, décoré de fleurs bleues et de réserves ornées d'inscriptions arabes, sur fond noir.

Haut., 35 cent.

298 — Compotier sur piédouche en faïence de Damas, à décor de fleurs et d'ornements en noir sur fond bleu turquoise.

Diam., 25 cent.

299 — Compotier sur piédouche en faïence de Damas, à décor d'ornements géométriques bleus sur fond blanc.

Diam., 25 cent.

300 — Vase cylindrique à anse carrée en faïence de Rhodes, décoré de tiges d'œillets et de feuilles rehaussées d'or sur fond d'émail blanc.

Haut., 22 cent.

301 — Plat rond en faïence de Rhodes, à décor de fleurs et de palmes.

Diam., 30 cent.

302 — Plaque hexagonale en faïence de Damas, décorée de dessins noirs sur fond bleu. Cadre noir mouluré.

Larg., 25 cent.

303 — Fragment de carreau en faïence de Perse, à reflets métalliques.

304 — Œuf en faïence céladon craquelé.

305 — Vase-balustre, céladon craquelé.

Haut., 36 cent.

306 — Coupe en verre incolore, sur pied bas. La panse, de forme évasée, est ornée de godrons en relief et décorée d'imbrications d'or, rehaussées de perles d'émail. Venise, XVIe siècle.

Diam., 31 cent.

307 — Deux vitraux en couleurs : Bustes d'hommes. Bordures d'ornements, oiseaux et personnages en grisailles. XVIe siècle. Montés dans un même châssis en bois.

Chaque vitrail, 35 × 41 cent.

# BAROMÈTRE

## BRONZES POUR MEUBLES, ETC.

308 — Beau baromètre en bois noir du temps de Louis XIV. Sur un socle rectangulaire orné de moulures, guirlandes et mascarons en bronze ciselé et doré, une longue planchette graduée, encadrée d'une moulure de bronze doré et surmontée d'un dragon, est dressée verticalement et contient le tube à mercure. Un groupe en bronze ciselé et doré représentant Hercule terrassant une sirène et décochant une flèche au dragon qui surmonte le baromètre est posé sur le socle. Signé : *Passemant, au Louvre.*

Haut., 1m.05 cent.

309 — Quatre colonnettes en marbre vert, surmontées chacune d'un joli chapiteau corinthien en bronze ciselé de doré, à décor de feuilles d'acanthe superposées et de volutes d'angle, base en bronze doré à moulures reposant sur un socle carré en granit rose.

Haut., 37 cent.

310 — Petit vase en bronze ciselé et doré, à décor de feuilles et de rubans et supporté par trois pieds de biche. Epoque Louis XVI.

311 — Deux robinets en bronze ciselé et doré, en forme de dauphins. XVIIIe siècle.

Long., 24 cent.

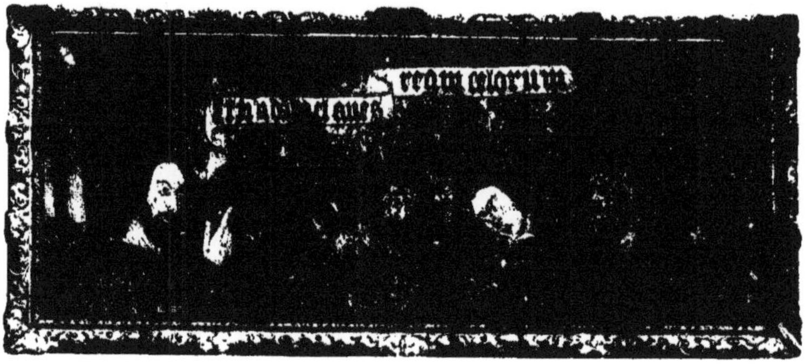

338

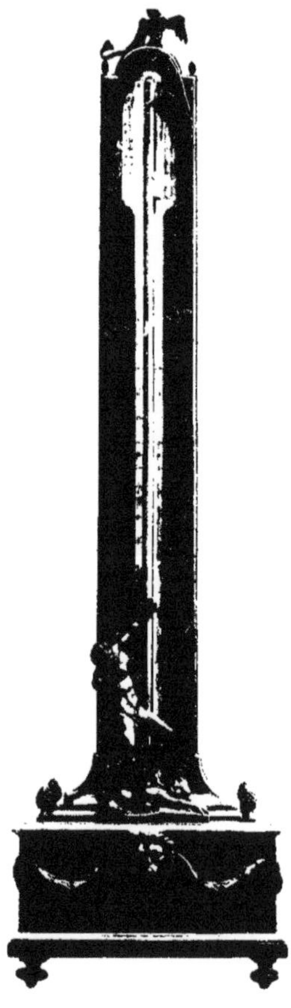

308

312 — Dragon en bronze ciselé et doré du XVII<sup>e</sup> siècle. Dressé sur ses pattes, la tête menaçante tournée de côté, les ailes étendues.

Haut., 18 cent.

313 — Paire de chutes pour meubles en bronze ciselé et doré en forme de gaines, surmontées d'une tête de lion et ornées d'une guirlande de fleurs et de fruits. Epoque Louis XVI.

314 — Paire de chutes pour meubles, en bronze ciselé et doré, à décor de têtes de béliers. Epoque Louis XVI.

315 — Paire de chutes en bronze ciselé et doré en forme de consoles ornées de feuillages et surmontées d'une tête de jeune femme.

316 — Paire d'appliques en bronze ciselé et doré, à décor de feuillages. Epoque Louis XV.

317 — Applique pour meuble en bronze ciselé et doré, à décor de feuillages, vase et muffle de lion. Epoque Louis XVI.

318 — Grande applique de meuble, de forme cintrée en bronze ciselé et doré, à décor de larges feuilles et de fleurs en haut relief. Epoque Louis XV.

319 — Deux paires d'entrées de serrures en bronze ciselé, repercé et doré, à ornements feuillagés. Epoque Louis XVI.

320 — Petite poignée de tiroir en bronze, formée de de deux dauphins affrontés. XVII^e siècle.

321 — Petit ornement cylindrique en cuivre ajouré et doré, à décor d'oiseaux et de rinceaux. Époque Louis XV.

322 — Deux petits fermoirs en bronze doré, à décor d'instruments de musique, sur fond bleui. Époque Louis XVI.

323 — Paire de vases de forme ovoïde, en marbre brèche, montés sur piédouche, et ornés de deux anses en bronze doré. Époque Louis XVI.

324 — Paire d'étriers en bronze ciselé et doré, à décor de feuillages et de guirlandes. Époque Louis XVI.

325 — Petite chaire en bois sculpté. Le siège triangulaire, et formant coffre, est orné ainsi que le dossier de panneaux sculptés à serviettes du XV^e siècle. Les accoudoirs sont terminés par des têtes de grotesques.

326 — Chaise en bois sculpté. Siège rectangulaire supporté par quatre colonnettes réunies par des traverses. Dossier droit à jour, orné au centre d'un balustre aplati. XVI^e siècle.

## ÉTOFFES ET TAPISSERIES

327 — Bandeau en velours rouge, bordé d'un galon et d'un effilé, orné de deux médaillons à personnages et de rinceaux feuillagés, en broderies d'or, d'argent et de soies de couleurs. XVIe siècle.

Long., 1 m. 25 cent.

328 — Deux bandes en velours rouge avec applications d'or, d'argent et de soies de couleurs; à décor de fleurs, médaillons et rinceaux. XVIe siècle.

Haut., 1 m. 15 cent.

329 — Chasuble en velours vert à dessins tissés d'or et ornée d'une bande de satin rouge brodé. XVIe siècle.

330 — Deux bandes en velours bleu avec applications de broderies d'or, d'argent et de soies de couleurs, à décor de coquilles, de vases, de rinceaux et de fleurs. XVIe siècle.

Haut., 95 cent.

331 — Trois morceaux rectangulaires en velours bleu, avec applications de broderies d'or, d'argent et de soies de couleurs, formant des rinceaux feuillagés, entourant un médaillon central, contenant, sur deux des morceaux, une coquille; sur l'autre, un vase fleuri. XVIe siècle.

Haut., 40 cent.; larg., 55 cent.

332 — Bande brodée d'argent et de soies de couleurs : huit saints personnages à figures peintes, debout sous des arcatures superposées. XVI$^{e}$ siècle.

Haut., 1 mètre.

333 — Bande en velours vert, ornée d'applications et de soutaches rouges et jaunes, à décor de rinceaux et de feuillages. XVI$^{e}$ siècle.

Haut., 1 mètre.

334 — Deux morceaux de velours rouge orné d'applications de broderies d'or, formant de grandes branches de feuillages. XVI$^{e}$ siècle.

335 — Bandeau en velours vert, orné d'applications de satin broché blanc et jaune, formant de larges festons et des feuilles. XVI$^{e}$ siècle.

Long., 1 mètre; haut., 40 cent.

336 — Deux morceaux de moire crème, ornés de broderies d'or, d'argent et de couleurs représentant deux anges au vol tenant une couronne sous un baldaquin à festons. XVII$^{e}$ siècle.

Larg., 95 cent.

337 — Mitre orientale en velours bleu, ornée d'applications de broderies d'argent, à décor de saints personnages vus à mi-corps sous des arcatures. En bas, une frise d'inscriptions. Le dessus forme une rosace à six compartiments, ornés de têtes ailées et de feuillages.

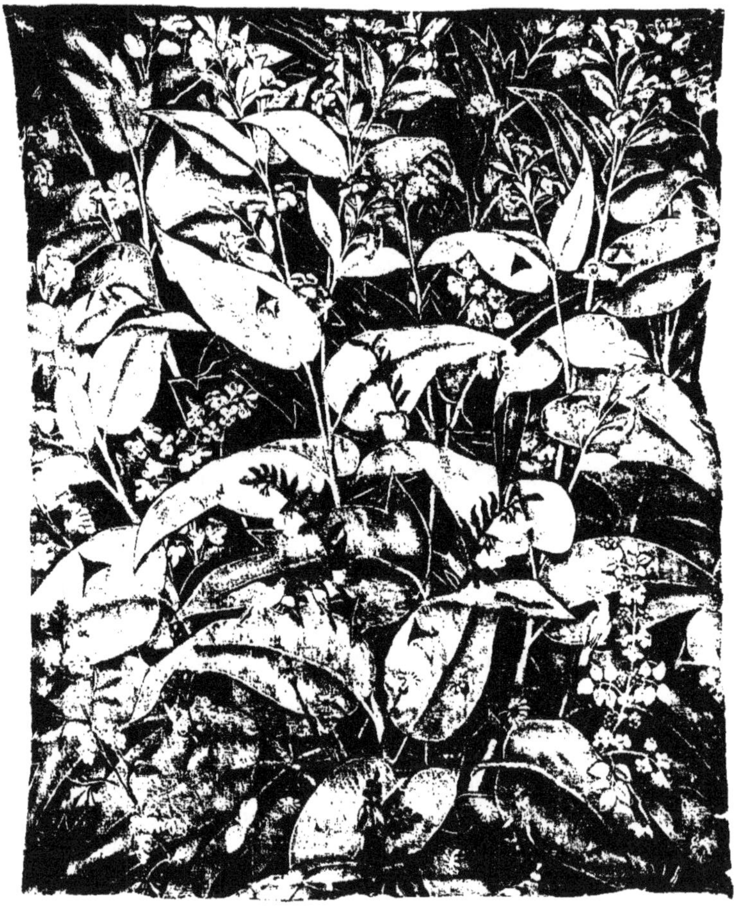

339

Pl. VIII

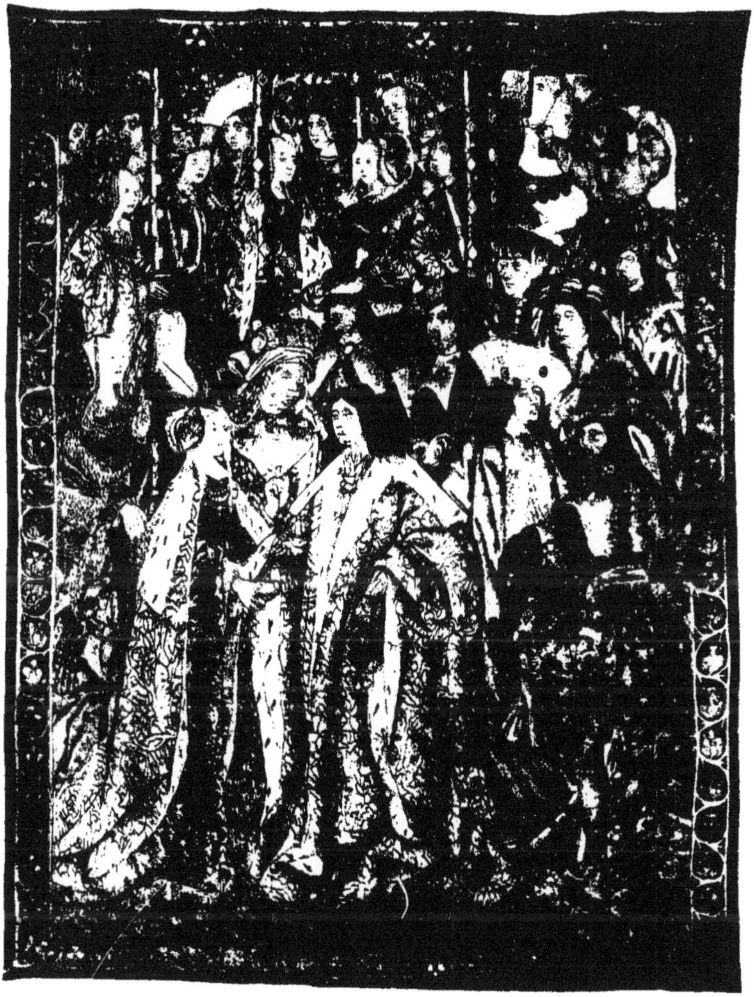

340

H. Leman, Expert. Phototypie Berthaud, Paris

338 — Panneau rectangulaire en tapisserie : le Christ et ses disciples : sept personnages vus à mi-corps. Fond bleu, orné de palmettes jaunes et de banderoles à inscriptions gothiques en lettres rouges. Commencement du XVI^e siècle. Joli cadre Louis XIV en bois sculpté et doré.

Long., 1 m. 60 cent.; haut., 65 cent.

339 — Tapisserie rectangulaire, à décor de larges feuilles vertes, de branches de fleurs rouges et d'oiseaux. Fin du XV^e siècle.

Larg., 2 m. 10 cent.; haut., 2 m. 60 cent.

340 — Tapisserie rectangulaire représentant une scène de mariage. Au premier plan, un jeune homme et une jeune femme, en costumes d'apparat, se donnent la main et sont entourés de nombreux personnages richement vêtus. Dans un angle, en haut, un écuyer tient un cheval. Bordure de fleurs et de feuilles sur fond gros bleu. Flandres, commencement du XVI^e siècle.

Haut., 3 m. 40 cent.; larg., 2 m. 55 cent.

341 — Deux panneaux en tapisserie au point, à décor de scènes champêtres. Sur l'un, des personnages cueillent des fruits : sur l'autre, des danseurs. Bordures d'ornements en couleurs sur fond noir.

Haut., 2 m. 50 cent.; larg., 60 cent.

342 — Panneau analogue, non monté sur châssis et en état défectueux de conservation.

www.ingramcontent.com/pod-product-compliance
Ingram Content Group UK Ltd.
Pitfield, Milton Keynes, MK11 3LW, UK
UKHW031937260826
14628UKWH00004B/1679

9 782329 526881